Content copyright@ Ana Carrera Hernández, 2016
Illustrations copyright@ Sandra Moldes Barroso, 2016

Published by Ana Carrera Hernández

A CIP record of this book is available from the British
Library.

ISBN: **978-0-9935585-0-4**

Paco y los Estudiantes de Intercambio

"Paco and the Exchange Students"

Vol.1

Paco

Ana Carrera Hernández
Illustrated by Sandra Moldes Barroso

CONTENTS

Page

Introduction

Welcome to Paco's world. Paco is a Spanish teenager, and like you, his life can be quite complex at times. Now that you are learning Spanish, you can start to read Paco's story. I hope you enjoy the book and all the activities, which are specially designed to help you learn and understand the Spanish language. If at first you don't understand all of the words in the text, don't worry. You don't need to know the meaning of every single word to get an idea of what the characters are telling you. Think about any English book you have read lately. Did you know the meaning of every single word? Probably not, but you can still summarise the content of the book. It is the same in Spanish, although you might have to concentrate a little bit harder using the context to help you. As you read, make a list of new vocabulary. This will help you improve your written and spoken language —and impress your teacher! There are lots of activities for you to complete in this book. Try to do them all to the best of your ability, as they will help you build a strong base of vocabulary and grammar. Finally, and most importantly, try to get yourself involved in the book. You will be a character too, so make your imagination work hard and have lots of fun! Enjoy your adventures with Paco!

Capítulo 1

Francisco se presenta

¡Hola! ¡Buenos días! Bienvenidos a mi vida y mi historia. Espero que os guste aunque[1] yo creo que es un poco aburrida. Me llamo Francisco pero mi familia me llama "Paco" porque es más corto. Odio el nombre "Paco" ¡Qué feo es! ¿Y tú? ¿Cómo te llamas? Tengo 12 años y mi cumpleaños es el 25 de diciembre ¿Cuándo es tu cumpleaños?

Me gusta mucho la televisión y me encanta el crimen. ¿Te gusta la televisión? El lunes, martes y miércoles hay *"En mi mochila"*, un programa de televisión sobre un instituto muy misterioso. Es mi programa favorito. ¿Cuál es tu programa favorito?

Por desgracia[2], voy al instituto pero odio mi instituto porque es muy estricto. Mi clase es muy pequeña. En mi clase hay 15 sillas y 15 mesas. También hay un ordenador para la profesora y una pizarra interactiva. Sin embargo no hay pósteres ni colores porque mis profesores son muy sosos[3]. ¡Qué horror!

En mi mochila tengo un lápiz amarillo y una goma blanca. También tengo una regla bastante grande. No tengo pegamento pero tengo tijeras porque las necesito para mis clases de arte. Me gusta mi mochila ¿Qué tienes en tu mochila?

---

[1]"Aunque": Connective, *although*

[2]"Por desgracia": Connective, *unfortunately*

[3]"Soso(a)": Adjective, *dull*

A c t i v i t i e s

1. Reading task. Read the text and answer the questions **in English.**

    a. *What is his name?*

    _____

    b. *How old is he?*

    _____

    c. *When is his birthday?*

    _____

    d. *What type of programmes does he like?*

    _____

    e. *Why does he not like his school?*

    _____

f. *How many desks are there in his classroom?*

_____

g. *Name two things he has in his rucksack*

_____

2. Translation task. Find the following sentences in the text.

a. *My classroom is very small.*

_____

b. *When is your birthday?*

_____

c. *I also have quite a big ruler.*

_____

d. *I think it is a bit boring.*

_____

e. *I hate my school because it is very strict.*

_____

3. Speaking and writing. Paco asked you several questions. Write your answers and practise them with your partner.

a. *¿Cómo te llamas?*

_____

b. *¿Cuándo es tu cumpleaños?*

_____

c. *¿Te gusta la televisión?*

_____

d. *¿Qué tienes en tu mochila?*

_____

Capítulo 2

Mi familia

Hablar de mi familia es normalmente tedioso[1] pero me gustaría presentárosla. Mi madre se llama Dolores y es portuguesa. Tiene el pelo largo, ondulado y negro. Tiene los ojos marrones y pecas. En mi opinión, mi madre es muy simpática porque no es estricta y es muy divertida. Mi padre se llama Amador y está un poco loco. Es español. Es bajo y delgado. Tiene los ojos azules y el pelo corto y rubio. También usa gafas. Creo que mi padre es gracioso pero a veces[2] un poco mandón. Habla un poco de inglés y francés porque es muy inteligente. Sin embargo, su inglés no es muy bueno aunque él cree que sí. Ahora... ¡Mi hermana! ¡Arrrrrg! Mi hermana Lara tiene ocho años. Es simpática pero muy mandona y siempre copia todo lo que hago. Además siempre me castigan por su culpa y eso me pone muy furioso. Mi hermana es baja, tiene el pelo largo y rizo y siempre lleva dos coletas. Estudia inglés en el instituto y todo el día me persigue repitiendo frases en inglés: "¿Sabes cómo se dicen los días de la semana en inglés? Pues... *Monday, Tuesday, Wednesday....*". Así todo el día ¡Qué horror!

Lo bueno es que ahora en mi familia hay dos personas nuevas. Son dos estudiantes de intercambio que vienen de Londres y hablan inglés y un poco de español. Son muy divertidos. Uno de los estudiantes se llama Theo. Es alto y un poco gordo. Tiene pecas y los ojos verdes. Tiene el pelo ondulado y negro. Me

---

[1] "Tedioso(a)": Adjective, *boring*.

[2] "A veces": Adverb, *sometimes*. By adding these adverbs you make your sentences more interesting.

gusta mucho Theo porque creo que es simpático y, como habla español mal, me río mucho con él. Otro de los estudiantes[3] se llama ....[4] Tiene los ojos ....[5] y el pelo ....[6] y...........................[7] Es .... [8] y........................[9].

Mañana vamos al instituto por primera vez. ¡Qué emocionante!

---

[3]You are going to be part of the story! Get ready to put your Spanish into practice!

[4]Write your name here.

[5]Write the colour of your eyes here.

[6]Indicate if your hair is long or short.

[7]Write your hair colour here.

[8]Write your height (are you tall or short?) here.

[9]Write your size here (thin, fat, etc.).

A c t i v i t i e s

1. Reading task. Write a tick (√) next to the five correct sentences:

    a. Paco enjoys talking about his family.__

    b. Paco's mum is not Spanish.__

    c. Paco's dad cannot see well.__

    d. Amador speaks English very well.__

    e. Lara likes playing "copycat".__

    f. There are two foreign students in the house.__

    g. Theo speaks French.__

    h. Tomorrow they are going to school.__

2. Translation task. Translate the following sentences into English:

    a. Creo que mi padre es gracioso.

    _____

    b. Mi hermana siempre copia todo lo que hago.

    _____

    c. Lo bueno es que en mi familia hay dos personas nuevas.

    _____

    d. Me gusta mucho Theo porque creo que es simpático.

    _____

3. Reading and Speaking task. Using the information from the text, draw the different members of the family below. Afterwards, choose one of them and describe him/her to your partner. Your partner must guess which member of the family you are talking about.

DRAW YOUR PICTURES HERE

Capítulo 3

En el instituto

El primer día del instituto, mi hermana, Theo y ....[1] vamos al instituto en coche con mi padre. *Normalmente* vamos en autobús pero hoy es una excepción. Theo está asustado porque vamos conduciendo por la derecha:

"—Be careful! —dice muy nervioso—. Coche... mucho... peligroso... accidente."

Lara y yo nos reímos mucho ¡Pobre Theo! ....[2] no entiende qué pasa.

Mi instituto se llama "Villa Poleta" y está en el centro de la ciudad. Es un instituto muy pequeño. Hay 600 alumnos sólo así que somos una pequeña familia. En mi instituto hay una biblioteca muy antigua y muy famosa. Tenemos seis laboratorios y un salón de actos gigante. También hay una cantina bastante grande pero *a veces* la comida es mala. *Normalmente* hay pollo frito con pasta o bocadillos de jamón y queso. Odio la comida del instituto porque no tiene sal y es muy repetitiva. Prefiero la comida de mi madre así que *casi siempre* mi hermana y yo llevamos la comida al instituto.

Hoy vamos a la cantina porque Theo y ....[3] quieren verla y comer allí.

---

[1] Write your name here.
[2] Write your name here.
[3] Write your name here.

"—Me gusta school porque grande —dice Theo—
¿A ti te gusta, ...[4]?"
    "—...
....
............."[5]

Son las ocho y media. Suena el timbre. Theo,
.............[6] y yo vamos a nuestra primera lección:
Geografía. ¡Qué asco! Odio la geografía porque es muy
aburrida y difícil. El profesor, señor Fatty, es muy
estricto y antipático. Es calvo y tiene un bigote muy
largo. Parece una bola con pelo. Theo y ....[7] se
ríen mucho:

    "—¿Por qué os reís? —les pregunto."
    "—Because 'Fatty' is funny in English —dice
Theo."
    "—Lo siento, no entiendo. ¿En español?"
    "—.."[8]
    "—¿Sí? ¡Ja,ja,ja,ja,ja,ja,ja! Señor Gordito." Me río
mucho.

El señor Fatty está muy enfadado:

    "—¿Algún problema, Francisco?"
    "—No, señor Fatty."

---

[4]Write your name here.
[5]Write the answer to the question. Remember to give a reason with "porque". Use the dictionary or your textbook to use a variety of vocabulary. **Example**: *Sí, me gusta el instituto porque creo que es muy moderno. Sin embargo no me gusta la biblioteca porque es muy pequeña.*
[6]Write your name here.
[7]Write your name here.
[8]Explain why "fatty" sounds funny in English. Try to make it simple. For instance, you could say: "Because "fatty" means ___".

La lección es súper aburrida. Theo no entiende nada porque el señor Fatty habla muy rápido. De repente Theo se pone muy colorado[9]. Hay una chica que lo lleva mirando toda la clase:

"—¡Pss! ¡Hey, Paco! La chica bonita. ¡Muac, muac! Me gusta —dice Theo."

Se llama Carolina pero yo creo que es muy fea. No me gusta porque es muy baja y tiene el pelo corto. Me gusta el pelo largo para las chicas.

Finalmente, la clase termina. ¡Qué bien! Carolina se levanta y Theo se pone nervioso porque viene hacia nosotros:

"—Hasta luego, Paco —dice muy tímida."

---

[9]"Ponerse colorado": Idiom, *to go red, to blush*.

"—Yipee! She loves me —dice Theo."

.............[10] me mira y dice:

"_ ...."[11]

A c t i v i t i e s

1. *Reading task and vocabulary practice.* The comic below contains some of the vocabulary you have learnt in this chapter. Draw the pictures to complete the story. Try to do it without using the dictionary this time. Challenge your memory!

Paco y sus amigos van al instituto en coche.	El instituto está en el centro de la ciudad.	La comida del instituto es mala. Hay pollo frito y pasta.	El señor Fatty es calvo y tiene un bigote largo.
A Theo le gusta Carolina. Es baja y tiene el pelo corto.	A Carolina le gusta Paco.	Theo piensa que Carolina está enamorada de él.	**FIN**

[10]Write your name here.

[11]What do you think? Has Theo lost his mind? Do you think Carolina likes him? Give Paco your opinion.

2. Writing task. Some of the words in this chapter appear in italics. These words are adverbs and they are used to indicate how often you do something. Can you write three sentences below using them?

a. Normalmente (*Usually*):

_____

b. A veces (*Sometimes*):

_____

c. Casi siempre (*Nearly always*):

_____

3. Speaking task. Prepare a brief presentation about the menu in your school. Give your opinion about the food and try to use the adverbs above again. Look at the text below to help you:

"En mi instituto normalmente hay patatas fritas y pizza. No me gusta la pizza porque odio el queso. También hay pescado y lasaña. El jueves a veces hay hamburguesa. Me encanta la hamburguesa porque es deliciosa. Casi siempre hay ensalada. Normalmente bebo agua o zumo de naranja."

Capítulo 4

En casa

Después del instituto, mi hermana, Theo, ...[1] y yo volvemos a casa. Todavía me cuesta creer[2] que Theo piense que Carolina está enamorada de él. ¡Qué inocente es! Mi madre prepara la cena para todos. Hoy hay pollo frito con patatas y pimientos. ¡Qué delicioso!

"—¿Te gustan los pimientos, Theo? —pregunta mi madre."

"—Sí, gracias. Creo que son deliciosos."

"—¿Y a ti, ...[3]? ¿Te gustan los pimientos?"

"—...

....

.............[4]"

"—Vale —contesta mi madre mientras pone el pollo en la sartén."

---

[1]Write your name here.

[2]"Me cuesta creer que…": Idiomatic expression, *I find it difficult to believe that…*

[3]Write your name here.

[4]Remember to include a reason with "porque" or "ya que" to justify your answer. Use your dictionary to find out new adjectives (try not to repeat "deliciosos").

Mi madre es muy buena cocinera y le encanta cocinar. Por eso[5], la cocina en mi casa es muy grande. De hecho, mi casa toda es bastante grande. Tiene cuatro habitaciones y dos baños, uno es pequeño y otro es muy grande. En la planta baja está el salón y la cocina. En el salón hay una televisión gigante y un sofá muy cómodo. En esta planta también hay un cuarto de baño en frente de la cocina. En la primera planta está el dormitorio de mi hermana Lara y el dormitorio de mis padres porque mi hermana a veces tiene miedo por la noche. En la segunda planta está mi dormitorio y el dormitorio de invitados. También hay un cuarto de baño pequeño. Mi dormitorio es guay. Tiene dos camas y hay dos mesas con dos ordenadores y una PlayStation. Me encantan los videojuegos. Además hay una alfombra del Barça y una lámpara del Real Madrid. Me gustan los dos equipos. Sí, soy un poco raro. En la pared tengo el póster de Taylor Swift. ¡Qué guapa es! Theo comparte habitación conmigo y ....[6] duerme en la habitación de invitados. ¡Qué suerte!

"—¡Ah! Tienes un póster de Taylor Swift. Creo que Carolina looks like her —dice Theo."

"—¡No, Theo! En español se dice 'Creo que Carolina *se parece a ella*'. Y no es verdad. ¿Carolina como Taylor? ¿Estás loco?"

"—Es tan guapa...—dice Theo."

"—Sí, y canta muy bien —responde Paco."

"—¿Carolina canta? —pregunta Theo confundido."

---

[5]"Por eso": Adverb, *thus, that's why.*

[6]Write your name here.

"—¿Qué? ¡No! Yo hablo de Taylor Swift. ¡Qué obsesión!" – Paco pone las manos en la cabeza.

El teléfono suena. Mi madre me llama a gritos:

"—¡Paco! ¡Pacoooooooooooooo! Es Carolina."

"—¡Hey, mate! I bet it is for me. She wants a date. I knew it!"

"—¿Sí? —digo con una voz seria."

"—¡Hola, Paco! ¿Te gustaría ir al cine conmigo el sábado? —pregunta Carolina."

"—Erm... Lo siento, Carolina. Tengo que ayudar a mi madre pero mi amigo Theo está libre. Le gusta mucho el cine."

"—¡Vale! Prefiero ir contigo pero Theo es mejor que ir sola. ¿A las 5?"

"—Muy bien. Adiós."

Theo está muy excitado:

"—What did she say? Carolina gustar Theo?"

"—Tienes una cita, Theo."

"—What?"

"—Cita, Theo, erm...A date!"

"—Ohohohohohohoho! —dice Lara desde la cocina."

"—I knew it! —dice Theo con una sonrisa."

A c t i v i t i e s

1. *Reading task.* Tick the four correct sentences:

    a. *Theo likes peppers.__*

    b. *Paco's mum is a very bad cook.__*

    c. *Paco's room is on the second floor.__*

    d. *Lara shares a room with her brother.__*

    e. *Paco doesn't like football.__*

    f. *Theo thinks that Carolina looks like Taylor Swift.__*

    g. *Theo has a date with Carolina on Saturday.__*

2. Reading and translating. Translate into English the paragraph that starts "Mi madre es buena cocinera" until "Real Madrid". Then use the square provided to draw Paco's house.

_____

_____

_____

_____

_____

_____

_____

_____

_____

_____

_____

_____

_____

_____

_____

_____

_____

_____

_____

_____

_____

_____

_____

_____

_____

_____

_____

Paco's house

DRAW YOUR PICTURES HERE

3. Writing. Using Paco's description of his house as reference, write a small paragraph describing your home. You **must** talk about:

    a. *Where it is (centre of the city, outskirts, etc.).*

    b. *How many rooms and floors it has.*

    c. *Your bedroom in detail and any other room you would like to describe.*

    d. *Your opinion about your house[7].*

---

[7]Remember to always include a variety of connectives and opinions in your essays. Justify your opinions using "porque" or "ya que".

Capítulo 5

En el cine

El sábado por la mañana Theo está histérico. Hoy tiene la cita con Carolina y está muy nervioso. Paco intenta calmarlo:

"—Tranquilo, chico. ¡Vas al cine, no a tu boda!"
"—Sí...pero Carolina bonita y yo nervioso. I really like her, mate!"
"—¿Quién es 'mate'?"
"—Oh! Forget it!"

Theo está un poco enfadado con Paco porque Paco siempre se burla de él[1]. Theo casi no desayuna y tampoco come nada, sólo un bocadillo de queso y un zumo de naranja. A las cuatro y cuarto, Theo sale de casa y va en autobús al centro de la ciudad. Lara, la hermana de Paco, lo sigue porque cree que va a ser muy divertido. Theo baja en la estación de autobuses pero no sabe cómo llegar al cine así que llama a ....[2] para pedir direcciones.

"—¿Hola? ¿...............?[3] Estoy en la estación de autobuses. ¿Por dónde se va al cine?" [4]

---

[1]"Se burla de él": Idiomatic expression, *He makes fun of him*.

[2]Write your name here.

[3]Write your name here.

[4]Look at the map on the next page and give Theo directions to get to the cinema.

Remember the basic verbs to use:

Toma	take	Todo recto	straight on
Sigue	continue, follow on	A la derecha	to the right
Tuerce	turn	A la izquierda	to the left

"—..
....
...."

"—Muchas gracias. Está cerca."

Theo corre y al final llega al cine cinco minutos tarde:

"—Lo siento. La ciudad es muy grande. Necesito un mapa."

"—Está bien, Theo. Hoy hace calor así que[5] no hay problema. ¿Entramos?"

---

[5]"Así que": Connective, *so, therefore.*

Theo y Carolina entran en el cine. Lara también. ¡Qué mala es! Theo está muy muy nervioso otra vez. De repente, una mano acaricia la cara de Theo. Theo coge la mano de Carolina.

"—¿Qué haces? ¡Adiós!" —Carolina sale corriendo.

Theo no entiende nada. Está muy confundido:

"—Las chicas españolas... ¡Locas!"

A c t i v i t i e s

1. *Reading task.* Read the sentences below and choose the correct answer. Write an *X* next to it.

1.1 Today Theo is feeling:

A	Happy	( )
B	Confused	( )
C	Very nervous	( )

1.2 Because of this, he:

A	Has eaten very little	( )
B	Has eaten too much	( )
C	Has not eaten at all	( )

1.3 Theo leaves the house at:

A	3 o'clock	( )
B	4.40	( )
C	4.15	( )

1.4 Today the weather is:

A	Cold	( )
B	Hot	( )
C	We don't know	( )

1.5 Theo thinks Spanish girls are:

A	Crazy	( )
B	Funny	( )
C	Weird	( )

2. Translation skills. Translate the sentences below from Spanish to English.

a. *A las cuatro y cuarto, Theo sale de casa y va al centro de la ciudad.*

_____

_____

_____

b. *¿Por dónde se va al cine?*

_____

_____

_____

c. *Lo siento. La ciudad es muy grande. Necesito un mapa.*

_____

_____

_____

3. Speaking task. Discuss with your partner why you think Carolina was angry with Theo. Try to use the expressions below:

a. *Creo que... (I think that/I believe that)*

b. *En mi opinión...(In my opinion)*

c. *Quizás (Maybe...)*

d. *Estoy de acuerdo (I agree)*

e. *No estoy de acuerdo (I disagree)*

Tip: *Remember that you don't need to create complex sentences. Try to keep it simple. For instance, instead of saying, "I think that Carolina was angry because Theo tried to hold her hand and she does not like him", simply say, "I think Carolina does not like Theo. Theo holds her hand and she is angry".[6] You might not yet have learnt how to speak in the past tense so use the present tense. This task is not about accuracy. It is about trying to communicate an opinion by using limited vocabulary. Give it a try, you can do it!*

---

[6]By the way, this is not the answer! It is just an example.

Capítulo 6

El tiempo libre lo complica todo

Es lunes otra vez. Theo, ...[1], Lara y Paco se preparan para ir al instituto. Theo está muy raro y no habla durante el desayuno:

"—¡Hey, Theo! ¿Cuál es el problema? ¿Es Carolina? —pregunta Paco."

Pero Theo no contesta. Lara está también muy triste y no habla mucho. La madre de Paco intenta ayudarles:

"—De cena hoy voy a cocinar un pastel de chocolate con fresas y helado de vainilla pero quiero ver caras contentas."

Paco está muy nervioso porque no ha completado sus deberes muy bien. Su redacción sobre el tiempo libre es muy corta y aburrida y la profesora de español, la señorita Gómez, es muy estricta. Seguro que va a tener un castigo en el recreo o después del colegio.

El padre de Paco va al banco hoy así que los lleva al instituto en coche.

"—¡Ring, Ring!" —Suena el timbre para la clase de español.
"—Buenos días —dice la señorita Gómez—. Hoy vamos a leer las redacciones sobre el tiempo libre. ¡Paco! ¡Te toca![2]"

---

[1] Write your name here.

[2] "Te toca": Idiomatic expression: *It is your turn*.

Paco se levanta muy nervioso:

"—En mi tiempo libre me gusta leer y escuchar música con mis amigos. También me gusta jugar al fútbol pero a veces juego al baloncesto. Fin."

"—¿Qué? Esta redacción es terrible. ¡Fatal! ¡Castigado sin recreo y después del instituto! A ver... ¡Carolina!"

Theo no puede mirar. Casi se cae de la silla.

"—*En esta redacción, voy a hablar de mi tiempo libre.*

En mi tiempo libre me gusta hacer muchas cosas. Por ejemplo, me encanta cantar y bailar porque me apasiona la música. A veces me gusta cocinar con mi madre pero este fin de semana voy a cocinar con mi abuela Blasa porque es el cumpleaños de mi hermano Miguel.

No me gusta mucho jugar al fútbol porque creo que es muy violento. Prefiero jugar al tenis o nadar en la piscina porque me gusta mucho el agua. ¿Te gusta nadar?

En las vacaciones de verano voy a hacer esquí en las montañas con mis primos y mi hermano. Me gusta la nieve pero odio el frío. Mi hermano va a practicar patinaje con sus patines nuevos y mi madre va a descansar en el hotel.

Mañana a las ocho menos veinte mi familia y yo vamos a ir al centro comercial porque necesito unos zapatos nuevos para ir al instituto.

Normalmente hago ciclismo los domingos y a veces

navego por internet porque me gusta comprar por internet. ¿Te gusta navegar por internet? Y esto es lo que hago en mi tiempo libre. Gracias por escuchar mi redacción."

"—Muy bien, Carolina. Muy buen trabajo —dice la señorita Gómez."

Paco tiene la boca abierta. La redacción de Carolina es muy interesante y Paco cree que tiene muchas cosas en común con Carolina............... [3] le pregunta:

"—¿...
....
....?[4]"

"—Creo que sí —contesta Paco—. El tiempo libre lo complica todo."

---

[3] Write your name here.

[4] Ask Paco if he likes Carolina.

A c t i v i t i e s

1. Grammar. Underline all the verbs in the text that appear in the future tense. Remember that the immediate future has three parts:

IR (Voy, vas, va, vamos, vais, van) **+** a **+** infinitive	
Vamos a comer	

2. Reading task. Read the following sentences and complete them with the correct word from the box below:[5]

    a. Theo y sus amigos van al _____

    b. Para cenar van a comer _____

    c. Paco está muy nervioso porque sus deberes están

    _____

    d. Carolina los domingos navega por _____

    e. Paco y Carolina tienen muchos pasatiempos

    _____

1. pastel de chocolate	2. incompletos
3. Internet	4. similares
5. instituto	

[5]Remember to pay attention to the words in the box. Decide whether they are singular or plural, masculine or feminine. This will help you to write them next to the correct word even if you are not sure what the word means! When you read the sentences *a* to *e*, try to understand the general meaning; you don't need to understand every single word. Finally, if you don't know the answer to one of the sentences, move to the next one. Don't waste too much time thinking about one particular answer. The word that is left will be the one that goes in the sentence you were unsure about.

3. *Writing task.*

PART 1: Read Carolina's essay about free time. With your partner, decide what is good about this essay (Are there connectives, opinions, questions? Does she use the future tense correctly? Does she talk about other people or just herself? Is the vocabulary she uses varied or repetitive?). Write your thoughts below:

_____

_____

_____

_____

_____

_____

_____

_____

_____

_____

_____

_____

_____

_____

_____

_____

_____

_____

_____

_____

_____

_____

_____

_____

PART 2: Write a paragraph below about what you like doing in your free time. Use Carolina's letter as a model. You **must** include:

1. *What you like doing in your free time.*

2. *What you don't like doing in your free time.*

3. *What you usually do on Saturdays.*

4. *What you are going to do this weekend or in your holidays.*

_____

_____

_____

_____

_____

_____

_____

_____

_____

_____

_____

_____

_____

_____

_____

_____

_____

_____

_____

_____

_____

_____

Printed in Great Britain
by Amazon

75576763R00025